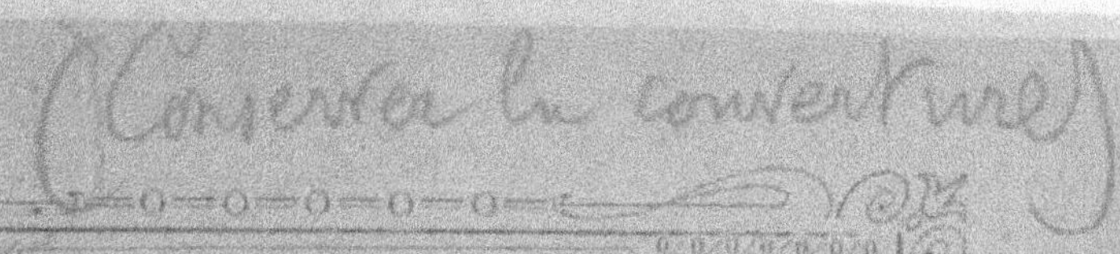

ALLOCUTION

PRONONCÉE PAR

M. L'ABBÉ GRANDIN

CURÉ D'HOMBLIÈRES

à l'occasion du Mariage

DE

M. Louis BRASSET

AVEC

Mlle Louise ARPIN

Célébré dans l'Eglise d'Homblières
le 26 Septembre 1887.

Se vend au profit de l'Eglise d'Homblières

SAINT-QUENTIN

IMPRIMERIE A. BRAY ET Cie

1887

ALLOCUTION

prononcée

Par M. l'Abbé GRANDIN

Curé d'Hombliéres

à l'occasion du Mariage de M. Louis BRASSET

avec Mlle Louise ARPIN

CÉLÉBRÉ DANS L'ÉGLISE D'HOMBLIÈRES
LE 26 SEPTEMBRE 1887.

> Sacramentum hoc magnum est.
> Ce sacrement est grand.
> *(Saint Paul aux Eph.)*

Le mot de sacrement réveille toujours dans les âmes sincèrement chrétiennes des sentiments de respect profond, de reconnaissance et d'amour. — Or,

MON CHER FRÈRE,
MA CHÈRE SŒUR,

C'est bien un sacrement que vous allez recevoir puisque pour les chrétiens il n'existe pas de mariage sans sacrement (C. de Trente) sess. XXIV.

Et c'est un grand sacrement, dit St Paul, bien que, hélas ! il soit si souvent maltraité, un sacrement des vivants, comme parle l'Eglise, c'est-à-dire un sacrement qui réclame de la part de ceux qui le reçoivent, non-seulement une foi vive, mais encore l'état de grâce.

Le mariage n'est-il pas, en effet, comme les autres sacrements, un rite sacré ? Les grâces qu'il confère, ne sont-elles pas le fruit de la passion, de la rédemption, le fruit du sang de Jésus-Christ ?

Je n'ai pas à vous rappeler les grandes propriétés du mariage, ni les nombreuses obligations de ce saint état, encore moins chercher à vous convaincre. — Non. — Vous avez le bonheur l'un et l'autre d'être chrétiens instruits de vos devoirs ; et, quand même vous n'en connaîtriez pas à fond la raison d'être, en fils soumis de l'Eglise, vous vous en rapportez à la divine sagesse de son enseignement, et vous vous reposez dans votre foi, tranquilles comme l'enfant sur le sein de sa mère...

Il me suffira, pour achever d'ouvrir vos âmes aux grâces précieuses dont Dieu se prépare à les combler, de quelques considérations sur la sainteté du mariage.

La parole de Dieu, écrite en nos saints livres, la parole de Dieu, sortie dernièrement encore de la bouche de son représentant sur la terre, me servira de guide en ces réflexions.

Le mariage est *saint dans sa nature, saint dans ses fins, saint par sa restauration* ou élévation à la dignité de sacrement.

Le mariage est un contrat, oui, mais un contrat qui ne ressemble pas aux autres conventions humaines : c'est le plus élevé, le plus vénérable, le plus singulier des contrats. Ce que l'homme y transmet, ce n'est pas un de ces biens qui ne sont que des accessoires de sa personne ou de sa vie, ce n'est pas son champ, sa maison, sa fortune, son travail, ses services, ce n'est pas même le fruit de son intelligence et de son industrie, c'est lui-même, sa propre personne, sa personne vivante, et avec sa personne, les biens qui en dépendent ou qui s'y rattachent, et sur sa personne, les droits les plus délicats, les plus intimes.

Deux êtres seulement peuvent se dire l'un

à l'autre : Tu es à moi : parce qu'ils se donnent librement tout ce dont ils peuvent disposer. Voilà le mariage tel que Dieu l'a établi au premier jour : « Voilà l'os de mes os, la chair de ma chair. » C'est le cri qui fit tressaillir l'Eden, lorsque le père et la mère du genre humain se marièrent sous l'œil de Dieu. Il n'est pas de contrat plus important dans sa nature, il n'en est pas de plus digne dans sa fin.

Pourquoi l'homme et la femme se donnent-ils l'un à l'autre par l'échange de leurs volontés et consentements ? Est-ce seulement pour le bonheur de se voir revivre dans des rejetons qui leur ressemblent ? Est-ce pour l'honneur d'entretenir au sein de la société un foyer de vie dont dépend son existence et sa force ? Non.

Mon Cher Frère et ma Chère Sœur; l'union conjugale tend à un bien encore plus élevé, plus intime, plus sacré. — Ce bien, véritable fin du mariage chrétien, c'est l'union intime de deux vies pour n'en faire qu'une, c'est le mutuel perfectionnement de deux vies l'une par l'autre, c'est une intelligence se fondant dans une autre intelligence, un cœur dans un autre cœur, un caractère donnant ou empruntant à un autre caractère ce qui lui manque ; deux âmes, en un mot, se complétant l'une l'autre et se portant ensemble vers leur fin sublime qui est Dieu. — Et ces deux âmes doivent se perfectionner, non-seulement à leur profit, mais encore et surtout, au profit des enfants qu'ils doivent élever pour Dieu, après leur avoir donné la vie.

Ainsi :

Mon Cher Frère et ma Chère Sœur, vous unir intimement pour vous sanctifier mutuellement ; enfanter avec l'aide de Dieu, des êtres intelligents pour les conduire à Dieu, en développant dans ces âmes la vie intellectuelle, morale et religieuse, tel est le noble travail qui vous attend. C'est à cette œuvre que vous devez appliquer toute votre vertu, toute votre intelligence, toute votre vie.

Est-il étonnant qu'une union si sainte dans son objet, si relevée dans sa fin soit déclarée indissoluble ! Est-il étonnant que Dieu, auteur et maître de notre nature, ait donné à l'union conjugale un caractère religieux et sacré auquel l'homme ne peut rien changer !

Le mariage est saint, redirons-nous après l'infaillible Pontife Léon XIII — *Matrimonium est suâ vi, sua natura, sua sponte sacrum.*

Chose plus sainte encore si nous considérons la dignité du sacrement.

Ce qu'aurait été le mariage dans l'état d'innocence, nous ne pouvons que le conjecturer en nous rappelant la perfection dans laquelle avaient été créés nos premiers parents, les grâces dont ils avaient été enrichis.

Hélas ! ce que nous savons plus sûrement, c'est que l'homme en désobéissant renversa les desseins de son créateur, et fit à sa nature une blessure mortelle. — O vous qui avez étudié l'histoire du genre humain ! vous avez calculé les conséquences terribles de la chute en ce qui concerne la sainteté du mariage, dont les lois sacrées furent partout méprisées, profanées, surtout au détriment de la plus faible des deux créatures, de la femme !

Le Divin Sauveur ne pouvait oublier cette grande plaie de l'humanité qu'il venait restaurer. — Dès les premiers jours de sa vie publique, il entreprend la réparation de la société conjugale, il assiste aux noces et les honore par un premier miracle. A son commandement l'eau se change en vin, de même que le mariage naturel déjà saint va devenir un signe sacré, une source de grâces divines. Bientôt, répondant aux questions captieuses des Pharisiens, Jésus rétablit le mariage dans son unité primitive, le relève, l'enrichit d'une grâce particulière qui le fait entrer au nombre des sacrements de son église.

Ab initio autem non fuit sic. — *Quod Deus conjunxit homo non separet.* — Matth. XIX.

Ainsi l'ont compris les Apôtres ses confidents. — Vous allez lire dans un instant cette page sublime où St Paul résume la doctrine de tous.

« Que les femmes soient soumises à leur mari comme l'Eglise est soumise à Jésus-Christ. — Hommes aimez vos femmes comme Jésus-Christ a aimé l'Eglise. Les maris doivent aimer leurs femmes comme leur corps. — Personne ne hait sa propre chair, mais on la nourrit, on l'entretient avec soin, comme le Christ l'Eglise...... C'est pourquoi l'homme quittera son père et sa mère et s'attachera à son épouse et ils seront deux dans une seule chair. Ce sacrement est grand, je le dis, dans le Christ et dans l'Eglise. » — St Paul aux Ephésiens, v.

— Oui ce sacrement est grand, grand dans son origine, grand dans sa nature, grand dans sa restauration sainte qui en fait le symbole de la plus pure, de la plus féconde, de la plus sainte union qui soit en ce monde ; l'union du fils de Dieu avec notre humanité ; grand enfin dans ses conséquences et les devoirs qu'il impose !

Voilà ce que vous avez compris mon Cher Frère et ma Chère Sœur.

Lorsque debout en face de l'autel et sous les yeux de l'Eglise, vous allez vous donner la main, vous serez prêtres, car vous allez faire et donner une chose sacrée, vous allez vous donner et vous accepter mutuellement ; au moment où la donation et l'acceptation se seront jointes de part et d'autre, le lien surnaturel sera fait, la grâce jaillira, le sacrement sera consommé, et il demeurera indissoluble comme l'union du Christ et de l'Eglise.

Vous avez compris cela, voilà pourquoi

vous vous êtes l'un et l'autre préparés à ce grand acte, avec un respect profond de Dieu et de vous mêmes. — Vous vous êtes préparés au mariage par l'apprentissage des vertus que doit pratiquer un cœur chrétien, honnête et fidèle. — Vous.

MON CHER FRÈRE,

docile aux conseils de la sagesse divine et suivant la voie dans laquelle, dès votre enfance, vous avaient engagé des parents chrétiens, vous avez conservé avec un soin délicat votre cœur pour celle qui devait le posséder tout entier. Votre modestie, votre réserve, votre religion sincère, vos généreux et constants efforts vous ont aidé à ne rien laisser de votre foi, de votre honneur, de vos forces, là où tant d'infortunés jeunes gens succombent misérablement. — C'est de Dieu que vous attendiez la compagne de votre vie ; vous vouliez l'avoir méritée, car la femme prudente et bonne est la récompense du juste pour le bien qu'il a fait. — Ecclési. 26. 3.

Au dessus de tous les avantages humains, vous avez cherché la piété ; aux grâces trompeuses, vous préfériez la vertu ; avant de vous renseigner auprès des hommes, vous avez demandé à Dieu ses conseils. — Venez donc en toute confiance posséder le trésor qui vous a été préparé. — Et vous,

MA CHÈRE SŒUR,

ai-je à faire votre éloge ! Il est dans toutes les bouches ! — Car depuis ce jour, le plus beau de votre vie, ce jour qui a laissé dans mon âme de pasteur un ineffaçable souvenir, depuis ce jour où parée d'innocence, de piété, de la plus douce candeur, conduite avec une touchante tendresse, par la main de celui que nous pleurons tous aujourd'hui, de ce bon père qui aurait, j'en suis certain, signé des deux mains l'alliance que vous allez contracter, parce qu'il aurait cru voir revivre sa bonté, sa douceur, sa générosité, sa noble simplicité dans celui qui vient le remplacer près de vous ; depuis ce jour de votre première communion, vous n'avez cessé d'être pour tous un sujet d'édification ; la première à honorer Dieu et notre sainte Patronne par l'entrain religieux, la franche simplicité de votre foi, en même temps que vous offriez à toute notre jeunesse, le modèle d'une enfant respectueuse, aimante, toujours soumise.

Et s'il est une joie pour cette paroisse toute entière, c'est de savoir que vous demeurez au milieu de nous pour y perpétuer ces exemples, maintenir les traditions de religion, de bonté, de charité, qu'y ont inaugurées vos bien-aimés parents.

Il a plu à Dieu

MA CHÈRE SŒUR,

de conduire votre jeunesse à travers les deuils, les sacrifices, les épreuves les plus pénibles de la vie ; vous ne vous en êtes jamais plainte.

Confiante en la bonté de Dieu qui vous frappait, vous disiez avec l'Esprit-Saint qu'il valait mieux vivre dans le deuil que dans les plaisirs, ces plaisirs que vous redoutiez, que vous n'avez jamais désirés ni regrettés.

C'est ainsi que vous aussi vous vous êtes préparée dans le recueillement, la prière, la religieuse attente de la volonté de Dieu. — Vous vous êtes ainsi préparée à devenir la femme forte que les trésors les plus précieux ne sauraient payer, la femme sage qui édifie sa maison, la femme diligente qui est la couronne de son mari (Prov. 13. 4), la femme laborieuse qui ne mange que le pain qu'elle a gagné, la femme douce qui remplit de joie le cœur de son époux et double ses années, la femme simple qui méprise le culte exagéré de sa personne, la femme prudente, aimante, chaste, sobre, soigneuse, bénigne, soumise, qui ne donne jamais lieu de douter de son adorable bonté.

Venez donc, Epoux chrétiens, Dieu vous a fait l'un pour l'autre ; vous vous convenez, vous vous aimez ; unissez vos mains et vos cœurs ; offrez à Dieu, avec un religieux respect, le consentement qui va vous unir l'un à l'autre.

Entrés dans le mariage par la porte de la sagesse, vous y demeurerez sous la garde de l'estime, du respect, de l'amour pur, d'une fidélité inviolable, sous la garde de la religion, sous la garde de Dieu.   Ainsi soit-il.

Homblières, le 24 Septembre 1887.

Saint-Quentin. — Imp. A. Brat et C°.